Lb 1787.

PRÉDICTIONS

RELATIVES

A LA NAISSANCE

DE MONSEIGNEUR

LE DUC DE BORDEAUX ;

ET

AUX MÉMORABLES ÉVÉNEMENS

DONT NOUS SOMMES LES TÉMOINS DEPUIS TRENTE ANS.

ANNONCE.

On trouve à la même librairie le *Portrait de S. A. R.* Mgr le duc de BERRY, gravé par un des premiers artistes de la capitale, et pouvant être mis en tête des *Mémoires, Lettres et pièces authentiques touchant la vie et la mort de ce prince*, par M. le vicomte de Chateaubriand, format in-18. Prix : 60 centimes.

PRÉDICTIONS

RELATIVES

A LA NAISSANCE

DE MONSEIGNEUR

LE DUC DE BORDEAUX,

ET

AUX MÉMORABLES ÉVÉNEMENS

DONT NOUS SOMMES LES TÉMOINS DEPUIS TRENTE ANS ;

RECUEILLIES

PAR M. ***,

ET OFFERTES AUX AMES CHRÉTIENNES ET ROYALISTES.

PARIS,

A LA LIBRAIRIE MONARCHIQUE

DE N. PICHARD,

QUAI DE CONTI, n° 5, PRÈS LE PONT-NEUF.

1820.

PRÉFACE.

Les libéraux, esprits forts, et il n'en manque pas dans ce siècle, vont sans doute épuiser tout le sel de leurs plaisanteries pour tourner en ridicule les pièces renfermées dans ce petit recueil. Eh quoi ! des prédictions dans un temps où l'on ne permet pas même à la canaille de croire en Dieu ; des prédictions dans le pays des lumières ! c'est à mourir de rire. Et puis, si les plaisanteries de ces messieurs ne réussissent pas, car elles commencent à s'user, ils prendront sur-le-champ l'air consterné, et crieront tous en chorus que le treizième siècle sort de sa tombe. Enfin, grand bruit se fera : nous nous y attendons ; mais en définitive les prédictions renfermées dans le présent recueil seront lues, et de nouvelles actions de grâces seront rendues à la Providence, qui au gré de sa volonté inspire certains hommes pour qu'ils avertissent le monde. N'y auroit-il pas, au reste, un peu de jalousie de métier dans les plaisanteries et les déclamations de messieurs les libéraux, esprits forts ? En effet, depuis quelques mois, espérant tromper encore le Gouvernement , ils entassent prédic-tions sur prédictions : à la vérité aucune d'elles ne s'est réalisée ; mais qu'importe? ces ennemis du monopole n'en veulent peut-être pas moins être les seuls à pré-dire : ce seroit vraiment bien mal à eux, qui ont fait de si longues phrases contre toute espèce de monopole. Au reste , pour nous raccommoder avec les libéraux , esprits forts , nous ter-minerons en leur citant une autorité qui leur est chère à tous.

Machiavel , dans son Discours sur la Iʳᵉ Décade de Tite-Live , a écrit un certain chapitre LVI, conçu dans les termes qui suivent.

CHAPITRE LVI.

« Que les grands changemens qui
» arrivent dans une ville ou un État
» sont toujours pronostiqués par des
» événemens, ou prédits. »

———

« D'où cela vient-il ? je l'ignore ;
» mille exemples anciens et modernes
» prouvent que jamais il n'arrive aucun
» grand changement dans une ville ou
» un État, qui n'ait été annoncé ou par
» des *devins*, des *révélations*, des *pro-*
» *diges* ou des *signes célestes....* »

———

Paris , faubourg Saint-Germain ,
ce 25 octobre 1820.

PROPHÉTIE

DU FAMEUX

PROPHÈTE DE SOUABE,

SOUS LE RÈGNE DE LOUIS XIV.

———o———

Mourra de France la première dame,
Son âme au ciel, et le cou sous la lame.

—

Grande rumeur, sang répandu.

—

Lois, mœurs changées en France.
Haut bien bas, et bas bien haut.

—

Sera la France couverte de bastilles;
Sera l'Eglise de Dieu polluée, dévastée,
Pillée, ses biens vendus à l'enchère.

—

Durera la persécution des prêtres, pendant onze ans.

—

Passé le mont Gothard et le mont Bernard.

—

A Marengo coulera le sang plus que l'eau.

—

Sera le triumvirat de plus de cinq ans.

—

De soldat simple parviendra à la robe longue, et de la robe longue à l'empire.

—

Et seront les trois frères qui se partageront la plus grande partie de l'Europe.

—

Vaillant aux armées; en l'Eglise plus pire, pompera ses biens comme l'eau fait l'éponge.

—

Et seront les vieux chemins remis à neuf.

—

Et sera la réunion des troupes en Espagne ; seront les deux grands frères défaits sous les monts Pyrénées.

—

Et fera la sangsue trembler l'Italie, l'Angleterre et l'Espagne.

—

Sera le Sénat chassé.

—

Viendra un roi CINQUIÈME du nom ; en l'an 15 ou 18, le nom sera seing au bas de la croix, comme le nom I.N.R.I. au haut.

—

Et sera ce qui est oublié avec la royauté renouvelé.

——

Et fera le neveu ce que l'oncle n'avoit pu.

——

Et seront les employés par la puissance excusés.

——

Viendra de race espagnole un roi en Etrurie, dont le règne durera moins de trois ans.

——

Sera l'Eglise de Dieu rétablie en sa pristine dignité.

——

Cherchera la sangsue la mort dans les combats, et ne l'y trouvera pas.

——

Bientôt après la sangsue mourra, et sa mort bon signe nous sera.

——

Sera le complot de la mort du loup divulgué.

——

Nota. Nous invitons les bons Français, c'est-à-dire les royalistes, à rapprocher cette prédiction du songe que Dieu a envoyé à la duchesse de Berry, la plus *forte* des femmes : songe par lequel saint-Louis lui annonçoit qu'elle auroit un fils ; prédiction qui s'est depuis accomplie, et qui a inspiré à la princesse cette sublime réponse qu'ad-

mirera long – temps toute l'Europe chrétienne :
« Mon père, a-t-elle dit à Mgr le comte d'Artois,
qui, craignant que son songe ne fût pas réalisé,
cherchoit à l'en dissuader, mon père, a-t-elle dit,
saint Louis en sait plus que vous. » Quant aux libéraux esprits forts, qui voudront vérifier la prédiction du prophète de Souabe, ils la trouveront dans
le *Mercure de France*, à partir de 1778 jusqu'à
1788 : ces messieurs ne se plaindront pas sans
doute d'une si longue recherche, eux qui se sont
déjà donné tant de mal pour tâcher de n'avoir
plus rien à croire.

PROPHÉTIE DE LA RÉVOLUTION,

Insérée dans un Almanach imprimé à Bordeaux.

Nous donnons ici l'extrait d'un manuscrit vo-
lumineux, déposé et gardé aux archives du châ-
teau de Lusa, en Suisse. L'auteur écrivoit en 1756
jusqu'à 1761, époque de sa mort. Il légua le
manuscrit au dauphin, depuis roi de France,
Louis XVI. Le motif du legs fut la persuasion où
il étoit que les événemens qu'il croyoit lire dans
l'avenir, se passeroient sous le règne de cet infor-
tuné monarque. Voici cette pièce, dont nous ga-

rantissons l'authenticité, et qui, depuis 1791, est entre les mains de beaucoup de personnes d'aussi haute piété que distinction :

« L'apostasie éclatera subitement, et parviendra à son comble dans l'espace d'une année ; elle sera poussée à des excès incroyables. Pendant ces temps, tous les Etats de l'Europe seront en fermentation.

» L'apostasie ne sera terminée que par la guerre qu'on lui fera. Elle sera produite par les artifices et les efforts de personnes constituées dans le gouvernement, soutenues par les subalternes, tant de l'état civil que de l'état ecclésiastique. L'antique constitution de l'Etat sera également attaquée par l'apostasie. La crainte et des vues intéressées engageront quelques personnes à soutenir les apostats. Dieu frappera d'abord les grands, ensuite le peuple. Les apostats, après avoir joui d'une confiance sans bornes, et après avoir vu toutes les difficultés s'aplanir, verront un ministre en prison, un prince sur l'échafaud. Il faudra que tout homme porte le signe de *la bête sur le front ;* le peuple se flattera que ceux qui le mènent écarteront de lui les calamités ; mais cette espérance sera trompée. Ceux qui parleront de prospérités au-delà des douleurs obtiendront la confiance du peuple.

» La nation apostate sera dans une sécurité

stupide, dominée par une *race brouillonne*; et même elle sera enivrée de fausses espérances.

» La puissance constituée fera des ordonnances en faveur du nouveau culte, et défendra aux ecclésiastiques d'en célébrer un autre. Le clergé se prêtera en partie aux désirs de la puissance constituée. Les emplois éminens de l'Église seront confiés à des gens *parjures et dissimulés*.

» Les frontières seront garnies de gardes; mais les fidèles se retireront en foule. Cependant les vieillards, les femmes, les enfans, les malades, et plusieurs autres forcés de rester, demeureront exposés aux événemens, jusqu'à un certain temps et certaines circonstances. Les fugitifs se répandront en plaintes; ils diront qu'on les a trompés, et demanderont justice au Ciel; ils la chercheront sur la terre. Leurs cris hâteront le travail du pontife. Les amis des persécutés sur la terre s'occuperont à les réunir, en présentant un plan qui sera adopté, et cette intelligence ne sera qu'illusoire.

» Le projet qu'on formera échouera. Les fidèles qui voudront fuir à cette époque deviendront l'objet de la vigilance de leurs argus. La persécution finira par le martyre du premier et du second ordre de la société. Les personnes revêtues de la puissance souveraine, pour tendre un piége aux persécutés, leur demanderont solennellement.... (Ici il manque un mot qui n'a pu être déchiffré sur l'original.)

» Les persécutés, voyant la persévérance de leurs ennemis, et que toutes les démarches qu'une fausse politique leur a dictées ont manqué leur but, commenceront à calculer leurs ressources ; et, le désespoir leur faisant trouver pour conseil leur courage, ils prendront enfin, mais sans confiance, les seuls moyens convenables.

» Les grands parleront haut en leur faveur. Une grande puissance protègera leur cause, et entraînera les autres par son ascendant. Etant si rigoureusement punis par l'exil et tant de malheurs, les fidèles verront succomber leurs ennemis. La guerre, une fois commencée, ne finira que par le licenciement des deux partis.

» C'est du Nord que partira la première étincelle de la guerre, qui paroît devoir durer plusieurs années. Les armées ennemies ne fondront point sur l'empire apostat. Elles donneront temps aux rebelles de rentrer dans leur devoir. Mais, loin de faire aucun acte de soumission, ils se plongeront dans les excès contraires. Quand ils verront l'orage prêt à fondre sur eux, ils seront abattus par la crainte, sans être conseillés par la sagesse.

» Toutes les puissances de l'Europe seront contre eux ; ils rassembleront leurs forces pour leur résister : pour lors, Dieu les abandonnera à leur sort. L'armée employée au relèvement sera exhortée, par les chefs, à la modération dans la victoire. Les succès seront éclatans; les temples retentiront de *Te Deum,* et d'autres actions de grâces. Ceux d'entre les apostats qui échapperont à la famine et à l'épée, auront asile dans les contrées du Nord; et ils trouveront, dans l'exil et dans l'opprobre, une vie sans intérêt. »

IMPRIMERIE DE LE NORMANT, RUE DE SEINE, Nº 8.